La imitación de Cristo para niños

COMO UN OBSEQUIO EN EL DIA
ESPECIAL DE SU PRIMERA
COMUNIÓN Y SU CONFIRMACIÓN.

FAM. AYALA PRIETO.

Colección El Cofre

LA IMITACIÓN DE CRISTO PARA NIÑOS
Elizabeth Ficocelli, 3a. reimpr.

PABLO, UN AVENTURERO DE LA FE
Oldřich Selucký, 1a. ed.

Elizabeth Ficocelli

La imitación de Cristo para niños

Una guía para seguir a Jesús

SAN PABLO

Elizabeth Ficocelli es autora de otros dos libros para niños que han sido muy difundidos: *Guía para la Primera Comunión, Guía para el sacramento de la Reconciliación;* así mismo, es autora de un libro dirigido a lectores adultos, llamado *Los frutos de Medjugorje: Historias de verdadera y auténtica conversión.* Ella vive con su familia en Reynoldsburg, Ohio, en los Estados Unidos.

Título original
The Imitation of Christ for Children

Título traducido
La imitación de Cristo para niños

Autor
Elizabeth Ficocelli

Traducción
Amparo Mahecha Parra

Ilustraciones
Chris Sabatino

ISBN
978-958-715-142-8

997 Macarthur Boulevard
Mahwah, NJ 07430 – Estados Unidos

3a. reimpresión, 2017
Queda hecho el depósito legal según
Ley 44 de 1993 y Decreto 460 de 1995

Carrera 46 No. 22A-90
Tel.: 3682099 - *Fax*: 2443943
E-mail: editorial@sanpablo.co
www.sanpablo.co

Distribución: Departamento de Ventas
Calle 17A No. 69-67
Tel.: 4114011 - *Fax:* 4114000
E-mail: direccioncomercial@sanpablo.co

BOGOTÁ – COLOMBIA

Para Susan Heyboer O'Keefe

Editora, mentora y amiga.

E. F.

SALÓN DEL TESORO
Fe
Paz
Amor
Verdad
Sabiduría

Introducción

Un libro muy especial

Este texto está basado en un libro muy especial, que fue escrito hace más de quinientos años y que se llama *La imitación de Cristo.* La obra original fue redactada por un hombre llamado Tomás de Kempis, o lo que es lo mismo: "Tomás de Kempen". Su apellido Kempen se debe al pueblo alemán donde nació alrededor del año 1380.

La imitación de Cristo ha sido uno de los libros preferidos por millones de personas en el mundo, pues sus páginas contienen un rico tesoro. Sin embargo, no se trata de la clase de tesoro que los reyes ocultan en sus castillos de piedra, o por el cual los piratas recorren los océanos. Se trata del tipo de tesoro del que habla Jesús en la Biblia, cuando dice:

> No amontonen tesoros en la tierra, donde hay polilla y herrumbre que corroen, y ladrones que socavan y roban. Amontónense más bien tesoros en el cielo, donde no hay polilla ni herrumbre que corroan, ni ladrones que socaven y roben. Porque donde esté tu tesoro, allí estará también tu corazón.
>
> *Mateo* 6, 19-21

El tesoro del que habla Jesús es mucho más valioso que las joyas, las monedas o las obras de arte, porque se refiere a cosas que perduran, como la fe en Dios, el amor al prójimo, la paz del corazón, la sabiduría divina y la verdad. Éstas son cosas que brindan a las personas alegría y satisfacción, cosas que no mueren con el tiempo.

Tomás de Kempis

No tenemos muchos datos acerca de la vida de Tomás, porque él vivió hace mucho tiempo; sin embargo, sabemos que cuando contaba con sólo trece años de edad, dejó su casa en Alemania para seguir a John, su hermano mayor, quien asistía a la escuela en el vecino país de Holanda. Tomás llegó a Holanda y se enteró de que su hermano era miembro de una nueva orden religiosa, que él mismo había ayudado a fundar, llamada los *Hermanos de la vida en común.* Tomás sintió gran curiosidad por este grupo de hombres

y se interesó por saber más acerca de él. Descubrió que su hermano vivía en una comunidad parecida a la que tenían los primeros cristianos. Estos hombres santos se ganaban la vida con sus propias manos y compartían la comida, el dinero y las pocas cosas que poseían. Llevaban una vida sencilla, la cual se centraba en la oración, el trabajo y el amor a Dios y al prójimo. Tomás quedó muy impresionado por la gran fe que manifestaban estos hombres y su corazón se sintió llamado a seguirlos. Cuando se presentó a la comunidad, los hermanos le dieron una afectuosa bienvenida y lo recibieron en calidad de estudiante.

En aquellos días no había computadoras, ni máquinas de escribir, ni imprentas. Los libros, incluyendo la Biblia, eran copiados a mano, letra a letra y haciendo uso de pluma y tinta. Ésta era una de las actividades más importantes con la que los hermanos se ganaban la vida. De inmediato, Tomás demostró que tenía talento para copiar los manuscritos con exactitud y delicadeza y, por tanto, pasó gran parte de su vida realizando esta actividad. Tomás amaba los libros, en especial la Biblia, y las largas horas que pasaba copiándola hicieron que la sabiduría y la belleza de sus pasajes se apoderaran de su alma.

El propósito de la vida

La actividad de leer y copiar textos hizo de Tomás un excelente estudiante y un devoto hermano, y su amor por Dios se hizo

más grande. A través de muchos años de estudio y de oración, Tomás hizo este gran descubrimiento: el único propósito de la vida consiste en alabar, amar y servir a Dios. El se dio cuenta de que las personas tendían a complicar las cosas y les gustaba tener todo bajo control, al punto de llegar a pensar que no necesitaban a Dios para nada. Pero Tomás sabía que éste era un gran error, pues comprendía que todos nosotros dependemos de Dios por completo y *sencillamente no podemos existir sin Él.*

Tomás también comprendió que la mejor manera de amar y servir a Dios era seguir el ejemplo dado por su Hijo Jesús, a través de sus enseñanzas, su vida, su pasión y su muerte. Tomás se esforzó por seguir los pasos de Jesús, escuchó sus palabras y las aplicó a su propia vida. Fue conocido por la bondad que mostró hacia todas las personas, en especial hacia aquellas que sufrían; evitaba las habladurías y las charlas inútiles, y sólo iniciaba una conversación si el tema se relacionaba con Dios. También hacía sacrificios de manera voluntaria, soportaba las dificultades con paciencia y constantemente se esforzaba por cambiar algunas cosas en sí mismo, para poder llegar a ser un mejor discípulo de Jesús.

Con el tiempo, Tomás empezó a escribir sus propios libros con el fin de explicar algunos de sus pensamientos e ideas. El libro más famoso que escribió fue, por supuesto, *La imitación de Cristo.* Para esta época, Tomás ya se había ordenado como sacerdote y estaba a cargo del crecimiento espiritual de los hermanos. Deseaba ayudar a los hombres de su comunidad para que se acercaran y amaran a Dios de la mejor manera posible y, por esta razón, decidió escribir un libro de enseñanza, haciendo uso de términos sencillos, de palabras amorosas y de ideas prácticas. Para los hermanos, este libro fue de gran ayuda y pronto se hizo tan popular, que empezó a ser compartido con personas que no pertenecían a la comunidad; primero, con otras órdenes religiosas y, luego, con el público en general. Las enseñanzas de Tomás eran tan bellas, tan honestas y estaban pensadas con tanta lógica, que todo el mundo deseaba leerlas.

¡Pero la vida es diferente hoy!

Es verdad, el mundo de Tomás de Kempis era diferente al nuestro, tenía sus propios problemas y sus propios afanes. Hoy día los niños y niñas tienen que enfrentar cosas muy difíciles, mucho más complicadas que aquellas con las que tuvieron que lidiar sus padres o abuelos. Fuera de las típicas presiones, como ser aceptados por otros chicos, obtener buenas calificaciones, sentirse bien acerca de sí mismos y descubrir quiénes desean ser en el futuro, los niños de ahora tienen que vérselas con asuntos tan graves como las drogas, el alcohol, el divorcio de sus padres, el embarazo en la adolescencia, el abuso infantil y la violencia, sólo por nombrar algunas de ellas. Algunas veces es bastante difícil ser un niño, pues al parecer existen muchas presiones en el camino de convertirse en adulto.

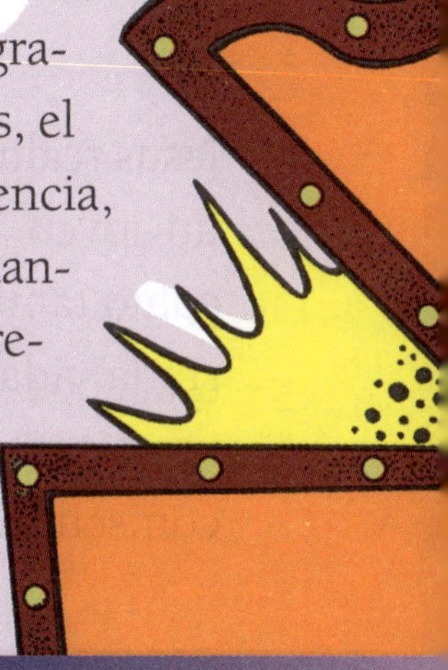

Pero hay buenas noticias: crecer no tiene que ser tan complicado; cada uno de nosotros, sin importar qué tan solo e incomprendido se sienta algunas veces, tiene a alguien que lo entiende y se preocupa por él. Esa persona es Jesús, el mismo Jesús que caminó por la tierra hace más de dos mil años, el mismo Jesús a quien Tomás de Kempis llegó a conocer y a amar, y el mismo Jesús que cuida de nosotros hoy y mañana. Él sabe todo acerca de nosotros, y lo supo ¡incluso antes de que naciéramos!

Tú eres especial

Todos somos especiales a los ojos de Jesús y esto te incluye a ti, con todo lo que eres y tal como eres en este preciso momento. Sabemos por la Biblia que Jesús tiene un lugar especial en su corazón para todos los niños y niñas, por eso Él dijo:

... Dejen que los niños vengan a mí, no se lo impidan, porque de los que son como éstos es el Reino de Dios.

Marcos 10, 14

Jesús realmente entiende qué tan difíciles pueden ser las cosas para un joven hoy día; Él conoce los peligros y las decepciones, así como también las alegrías, la diversión y las maravillas que encierra la vida. Después de todo, Jesús alguna vez fue niño y lo más importante: Él no desea que sus amados niños vivan con miedo y con sentimientos de soledad. Jesús quiere estar allí con cada uno de nosotros, en cada paso del camino, para ayudarnos, guiarnos y consolarnos. Tal como lo deseó para Tomás de Kempis, Jesús quiere que lo conozcamos, lo amemos y lo sigamos, para que nuestra vida sea feliz y podamos realizarnos completamente.

El camino no es fácil

Ahora bien, así como sucede en tus películas y libros favoritos, en el mundo también hay "buenos y malos". Hay personas que no desean que tú sigas a Jesús. Ellas harán todo lo posible para captar tu atención y hacer que las sigas a *ellas*, en vez de seguir al Señor.

Piensa por un momento en tu videojuego favorito: ¿recuerdas que, a menudo, hay armas que deben ser recogidas a lo largo del camino para poder luchar contra los atacantes? Este libro es como una de esas armas especiales: él te protegerá a lo largo de tu vida de aquellos que se proponen impedir que obtengas el "tesoro", el *verdadero* tesoro, que consiste en encontrar a Jesús.

Estas páginas, basadas en la maravillosa sabiduría de Tomás de Kempis, se proponen enseñarte cómo puedes salir adelante en esta aventura llamada vida, convirtiendo en tu verdadero líder al hombre más bueno del mundo: Jesucristo. Así mismo, te enseñarán diferentes maneras de asegurarte de que Jesús conserve esa posición de líder, independientemente de lo que el mundo intente decirte. Ahora sigue, paso a paso, el camino del viaje más importante y excitante que alguna vez puedas emprender, es decir, el camino que nos enseña ¡cómo vivir!

1

Convierte a Jesús en tu líder

Cuando eras más pequeño, con seguridad jugabas a "sigue al líder". Tal vez lo jugabas en el parque o en el patio del colegio, o con algunos amigos de tu vecindario. ¿Recuerdas cómo se jugaba? Se escogía a una persona para que fuera el líder y todos los demás debían imitar lo que esta persona hacía.

Imitar a las personas es una buena forma de aprender. Los seres humanos empezamos a imitar a otros desde nuestros primeros meses de edad. Si le muestras la lengua a un niño pequeño, seguramente él hará lo mismo. Podemos *imitar* a nues-

tros padres, a un hermano mayor, a nuestro profesor o profesora, a nuestro catequista o a un amigo. A menudo, aprendemos buenas maneras y hábitos correctos al imitar a otras personas; sin embargo, algunas veces las personas que elegimos para imitar no siempre nos dan el mejor ejemplo. Cuando esto sucede, terminamos actuando de una forma que nos hace sentir decepcionados o que, incluso, hace que nos metamos en problemas.

¿Cómo podemos encontrar a alguien bueno para imitar?

Dios, nuestro amado Padre, se ha hecho cargo de este problema para beneficio nuestro. Él nos ama tanto que hizo algo muy especial: envió a su Hijo en la persona de Jesucristo para que viviera en la tierra entre su pueblo. Dios hizo esto para enseñarnos cómo debíamos vivir y cómo debíamos tratarnos entre nosotros. Jesús es el mejor maestro y el mejor líder que podemos tener. Cuando imitamos la manera como Él vivió y la forma como trató a las personas que lo rodeaban, ¡jamás erramos nuestro camino! Ninguna otra persona puede asegurarnos esto. Algunas veces, incluso las personas que conocemos y en las que confiamos pueden defraudarnos, pero Jesús nunca nos decepcionará. Él prometió que estaría siempre a nuestro lado:

Y he aquí que yo estoy con ustedes todos los días hasta el fin del mundo.

Mateo 28, 20

Jesús está siempre ahí, sin importar donde estemos nosotros, y Él desea ser el líder de nuestras vidas. Pero hay una pequeña trampa. Se trata de algo muy sencillo: si bien Jesús desea ser nuestro líder, Él jamás nos obliga a seguirlo, porque quiere que lo hagamos por nuestra propia cuenta. Él desea que lo sigamos porque lo amamos. Vale la pena volverlo a decir:

Jesús quiere ser nuestro líder, pero jamás nos obligará a seguirlo. Él desea que lo sigamos porque lo amamos.

El entrenador perfecto

Imagina por un momento que eres un jugador de fútbol y que tu equipo tiene un excelente entrenador, que es famoso por haber ganado muchos partidos. Lo más seguro es que él les enseñe algunos ejercicios para que fortalezcan sus músculos y sean más rápidos en la cancha; también es posible que les indique algunas jugadas que les permitan mejorar su táctica de juego. Pero si ninguno de ustedes sigue las instrucciones, lo más probable es que no lleguen a ser buenos jugadores de fútbol y, con seguridad, no ganarán muchos partidos.

Lo mismo sucede con Jesús, sólo que Él no te hará dar diez vueltas a la cancha por no haber sido un buen seguidor, sino que se quedará al lado de la cancha y continuará dándote su amor. Él esperará a que *tú* lo aceptes como entrenador de un equipo cuyo triunfo está garantizado. Esto es así porque, en el equipo liderado por Jesús, encontrarás felicidad, paz, fortaleza y apoyo: la mejor combinación para que tengas éxito en tu viaje. Así es que no sigamos corriendo en círculos y empeñándonos en hacer las cosas a nuestra manera; más bien ¡procuremos formar parte del equipo ganador!

Jesús es mi líder

Lo primero que tenemos que hacer es hacernos la promesa de que Jesús va a ser nuestro líder. Pero no se trata simplemente de decir esto en alguna ocasión y, luego, echarlo al olvido. Tenemos que creer realmente en lo que estamos diciendo, y también debemos *mantener* la promesa que encierran estas palabras. Podrías escribir "Jesús es mi líder" en una hoja de papel y pegarla en un lugar donde puedas verla todos los días; también podrías colgarla cerca de tu cama o quizás en el espejo del baño. Cada vez que veas esta frase, recordarás que tienes un líder y que su nombre es Jesús; así mismo, cada vez que lo miembros de tu familia lean esta frase recordarán que Jesús también es el líder de ellos.

La segunda cosa que tenemos que hacer es empezar a conocer a nuestro líder. ¿Cómo conoces a un nuevo compañero o compañera de colegio? Obviamente, la mejor manera de hacerlo es acercarse y hablar con él o con ella. Pues bien, esto es lo que tenemos que hacer con Jesús. Hablar con Él será más fácil si logras imaginar su rostro. Con seguridad, habrás visto muchas imágenes de Jesús en la iglesia, en la Biblia y en muchos libros. ¿Cómo imaginas el rostro de Jesús? Tal vez alguien de tu familia pueda ayudarte a encontrar una imagen del Señor que te guste y que puedas colocar al lado del letrero que antes mencionamos.

Muchas maneras de hablar

Ahora que tu líder tiene un nombre y un rostro, hablar con Él será mucho más fácil. Hay muchas formas de hablar con Jesús. Existen oraciones que nos sabemos de memoria, como el *Padrenuestro*, la bendición que hacemos antes de las comidas o aquellas que recitamos antes de irnos a dormir. Pero, ¿sabías que también puedes hablar con Jesús, de la misma manera que lo haces con un amigo o con alguno de tus familiares? A Él le encanta escuchar acerca de las cosas que viviste durante el día. Cuéntale de tus miedos y hazle todas las preguntas que quieras. Pídele que te ayude con las cosas que se te dificultan, pero también dale gracias por todos los dones que te ha regalado: tu cuerpo, tu vida, tus amigos, tu familia, la comida y tu hogar. No es necesario que nos arrodillemos al lado de la cama o que nos sentemos en una iglesia, cada vez que queremos hablar con Jesús. Podemos hablar con Él en cualquier momento y en cualquier lugar. Él está en todas partes y nos escucha de día y de noche; nunca está demasiado ocupado para ponernos atención, ni tampoco se va de vacaciones.

Sin embargo, algunas veces, somos *nosotros* los que estamos tan ocupados que olvidamos hablar con Dios. Siempre tenemos que ir a algún lugar o hay alguna cosa que debemos hacer; por ejemplo, tú vas al colegio, practicas deportes, ves televisión, juegas con tus amigos, lees libros, vas al cine, te distraes con videojuegos y haces muchas otras cosas. Todo esto puede ser divertido e incluso bueno para ti, pero es importante que no lleguemos a ocuparnos tanto como para olvidarnos de nuestro líder.

Si te das cuenta de que esto te está pasando, no te preocupes, puedes empezar de nuevo. Quizá sólo necesites poner tu cartel en otro lugar, para que te ayude a recordar que siempre debes tener a tu líder en mente. Otra buena idea es empezar y terminar el día con una pequeña oración a Jesús. Al despertar, en la mañana, puedes ofrecer tu día al Señor, lo que significa que tú le "entregas" tu día a Dios, con todo lo que llegue a sucederte: lo bueno, lo malo y todas aquellas cosas que estén entre estos dos extremos. En la noche, puedes sencillamente darle gracias a Dios por el día que acabas de vivir.

Escuchar a nuestro líder

Como ya vimos, una manera de conocer a nuestro líder es hablar con Él. La otra manera es aprender a *escucharlo*. El mundo está lleno de voces ruidosas y estridentes, que están ansiosas por decirnos qué es lo que necesitamos y qué es lo que nos hará felices. El mundo nos dice que para alcanzar la felicidad tenemos que poseer muchas cosas y mucho dinero. Muchas personas se hacen adultas y dedican su vida entera a conseguir dinero, bienes materiales, éxito y poder. Pero entre más cosas consiguen, más cosas desean y, con frecuencia, ellas atribuyen su éxito a su propio esfuerzo, en vez de darle el crédito a la intervención de Dios. Estas personas al final resultan descontentas, y esto sucede porque no han hecho que Jesús sea su compañero de viaje.

Las cosas que el mundo nos ofrece pueden ser tentadoras, pero no son duraderas y, así mismo, la alegría que ellas nos proporcionan tampoco permanece por mucho tiempo. Incluso el juguete más llamativo o el videojuego más emocionante pierde su encanto después de un tiempo; sólo Jesús es eterno y verdadero. Por eso es tan importante que hagamos de Él nuestro líder y nos dirijamos a Él.

Jesús también nos habla a *nosotros*, pero es necesario que nos esforcemos en escuchar su voz, en medio del ruido del mundo. Él nos habla en la iglesia y a través de la Biblia, pero también se dirige a nosotros de muchas otras maneras. Jesús puede hablarnos a través de nuestros pensamientos, a través de las palabras que nos dicen las personas que nos rodean o a través de algunos libros y canciones.

¿Cómo podemos reconocer su voz?

¿Cómo podemos saber que Jesús nos está hablando? Pues bien, sabremos que es Jesús quien nos habla porque su voz nos brinda mucha paz. Así mismo, cuando hemos convertido a Jesús en nuestro líder, se hace cada vez más fácil reconocer su voz. Él es el Buen Pastor que dice:

Mis ovejas escuchan mi voz; yo las conozco y ellas me siguen.

Juan 10, 27

Convertir a Jesús en nuestro líder no significa que no podamos disfrutar de las cosas que hay en el mundo. Dios creó muchas cosas maravillosas para que nosotros las disfrutáramos. El cielo y la tierra fueron creados para nosotros y Dios quiere que gocemos de ellos. Él desea nuestra felicidad; sin embargo, debemos estar alerta para no permitir que estos regalos lleguen a reemplazar la presencia de Jesús, como líder de nuestras vidas. Es importante que mantengamos las cosas en equilibrio y que Dios sea el centro de ellas. La Biblia nos dice que cuando ponemos a Dios por encima de todo lo demás, todas nuestras necesidades son colmadas. Jesús dice:

No anden, pues, preocupados diciendo: ¿qué vamos a comer?, ¿qué vamos a beber?, ¿con qué vamos a vestirnos? Que por todas esas cosas se afanan los gentiles; pues ya sabe su Padre celestial que ustedes tienen necesidad de todo eso. Busquen primero el Reino de Dios y su justicia, y todas esas cosas se les darán por añadidura.

Mateo 6, 31-33

Nuestra casa, nuestra comida, nuestra ropa, nuestras bicicletas y nuestros juegos, todo lo que tenemos es un regalo y una bendición de Dios. Lo único que Él nos pide es que compartamos estas bendiciones con otras personas.

Jesús nos enseña a amarnos unos a otros

En el Antiguo Testamento, Dios le dio a su pueblo unas normas especiales, llamadas los *Diez Mandamientos*. Estas normas se proponían ayudar a sus hijos e hijas a vivir en paz y en armonía, pero ellos muchas veces no las practicaron. Por esta razón, Dios envió a su Hijo Jesús para que viviera entre nosotros. A través de sus palabras y acciones, Jesús le dio al mundo el mejor ejemplo de cómo desea Dios que llevemos nuestras vidas. Las lecciones que Jesús nos dio no fueron solamente para las personas que vivieron hace mucho tiempo, en la época de la Biblia, sino que continúan siendo muy importantes para nosotros hoy día.

Piensa por un momento en algunas de las historias que nos relata la Biblia acerca de Jesús. Con seguridad, descubrirás que Él siempre aparece ayudando a los demás. Jesús sanó los cuerpos enfermos de las personas, algunas veces devolviéndoles la vida, y otras, restaurando su capacidad de caminar o de ver. Él también sanó los corazones de las personas al perdonar sus pecados. Jesús nos mostró, una y otra vez, con su ejemplo la importancia que tiene ayudar a los enfermos, a los pobres, a los niños y a las personas que algunas veces son olvidadas. Jesús siempre estaba pensando en los otros, incluso en aquellos que deseaban hacerle daño. Él nos dio este ejemplo de servicio a los demás, para que nosotros hiciéramos lo mismo. Jesús nos enseñó que, aparte de amar a Dios, lo más importante es amarnos los unos a los otros. El dijo:

> Les doy un mandamiento nuevo: Que se amen los unos a los otros. Que, como yo los he amado, así se amen también ustedes los unos a los otros.
>
> *Juan* 13, 34

¿Cómo puedo amar a otras personas?

Si todas las personas cumplieran el mandato de Jesús, el mundo sería mejor. Entonces, ¿cómo podemos actuar de una manera diferente, y amarnos los unos a los otros, como Jesús quiere que lo hagamos? Un buen lugar para empezar es nuestra propia familia. Podemos traer paz a nuestros hogares, respetando a nuestros padres y abuelos, y tratando de manera amable a nuestros hermanos y hermanas.

Es importante que nos hagamos algunas preguntas y que las respondamos con honestidad: ¿Escuchamos y obedecemos a nuestros padres? ¿Hacemos los quehaceres del hogar de buena manera y con una sonrisa? ¿Perdonamos a nuestros hermanos y hermanas, cuando ellos han hecho algo que nos ha herido? ¿Pedimos perdón cuando hemos hecho algo incorrecto?

También podemos amar a las personas que no hacen parte de nuestra familia. ¿Conocemos a alguien que tenga una necesidad? Quizá puede ser ese niño, o esa niña, que está en el parque y no tiene con quién jugar; quizá se trate de una persona mayor que está sola en casa o en un hospital y, realmente, necesita que la llamemos o le hagamos una visita. Si miramos a nuestro alrededor con los ojos de Jesús, veremos personas que están tristes, hambrientas, enfermas, solas, o que se sienten diferentes; personas que están sufriendo y que disfrutarían de la compañía de ¡un amigo o una amiga como tú!

Preocuparnos por otros no es nada fácil

Algunas veces nos resulta difícil pensar en otras personas y en lo que ellas necesitan. Es más fácil pensar en lo que *nosotros* necesitamos o deseamos. El mundo intenta convencernos de que tenemos muchos deseos y necesidades, que merecemos saciar en el momento en que queramos hacerlo. El mundo no nos enseña que tener que esperar para conseguir las cosas puede ser bueno para nosotros y que, incluso, el hecho de no llegar a obtenerlas también puede ser conveniente.

¿Alguna vez has ahorrado dinero para comprar algo que era muy especial para ti? ¿Recuerdas cómo te sentiste, cuando finalmente reuniste el dinero necesario para obtenerlo? Con seguridad, lo que conseguiste te produjo una gran satisfacción, porque habías tenido que esperar y luchar para alcanzarlo. Sin embargo, algunas veces sucede que, después de haber esperado un tiempo para conseguir algo que deseábamos con ansiedad, nos damos cuenta de que realmente no era lo que queríamos. Esperar nos ayuda a aprender esta importante lección.

Aprender a decir "no" a nuestros deseos, no obtener todas las veces lo que deseamos, compartir lo que tenemos con alguien que lo necesita mucho más que nosotros son maneras de seguir el ejemplo que Jesús nos dejó en la Biblia.

¡Alegría!

A continuación encontrarás una manera fácil y divertida de saber si estás convirtiendo a Jesús en tu líder, y si estás ayudando a los demás tal como Él desea que lo hagamos. Si pones en primer lugar a Jesús; en segundo lugar, a las otras personas y en el último lugar, te colocas a ti mismo(a), ¡encontrarás alegría![1] Si en tu vida actúas siguiendo este orden de prioridades, estarás viviendo de acuerdo con la voluntad de Dios y esto te brindará felicidad. Todos los días hay oportunidades para vivir de acuerdo con la voluntad de Dios;

[1] En inglés la palabra alegría es *joy*. La autora hace un juego de palabras, ya que las letras que componen esta palabra (J, O, Y) son la clave del mensaje que ella desea comunicar: J (*Jesus*), O (*others*), Y (*yourself*), lo que significa: primero Jesús; luego, los otros y después, tú.

también hay muchas ocasiones para transmitir nuestra alegría y para ¡sentirnos felices!

Te invito a que repasemos lo que hemos aprendido hasta ahora en esta primera jornada de nuestro viaje:

- Jesús es el mejor líder que podemos tener.
- Es nuestra decisión seguir a Jesús.
  Él no nos obliga a hacerlo.
- Si hablamos con Jesús todos los días,
  podremos llegar a conocerlo.
- También es importante escuchar a Jesús.
- Jesús desea que nos amemos unos a otros.
  Busca hoy la oportunidad de practicar este mandamiento y verás la alegría que sentirás al hacerlo.

¿CÓMO SER UN BUEN SEGUIDOR DE JESÚS?
Paz
Humildad
Nobleza
Fidelidad
Pureza
Entendimiento
Gratitud

2

¿Cómo llegar a ser un buen seguidor?

Hemos dedicado un tiempo a observar la figura de nuestro líder, Jesús. Ahora es el momento de que echemos un vistazo hacia nosotros mismos, como sus seguidores.

¿Alguna vez te has preguntado, por qué Dios hizo que vinieras a la tierra? ¿Fue simplemente para comer, ir a la escuela, jugar con los amigos o montar en bicicleta? Por supuesto que Dios desea que nos divirtamos y que seamos felices. Él se alegra con nuestra alegría, pero cada uno de nosotros nació para hacer algo más. Existe una razón para que estemos aquí. Cada persona tiene una misión especial en la vida, que sólo le pertenece a ella. Nuestra labor consiste en descubrir cuál es esa misión. Pero, ¿cómo podemos descubrirla? Si le preguntas a Dios acerca de esto en oración, en algún momento Él te ayudará a descubrir cuál es tu misión en la vida.

¡Muchas maneras de amar a Dios!

Es posible que tu misión sea convertirte en sacerdote o en religiosa, o tal vez sea casarte y tener hijos. Tu misión también puede ser enseñar, cuidar a los enfermos, escribir, componer música o hallar la cura para algunas enfermedades. Sea cual fuere tu misión, ésta debe incluir el servicio a Dios y a los demás. Por ejemplo, si deseas convertirte en atleta, demuestra gusto por lo que haces y actúa de manera honesta. Si tu deseo es llegar a ser presidente, conviértete en uno que realmente se preocupe por las necesidades de las personas. También es posible que desees tener tu propio almacén de juguetes o de videojuegos. En este caso, asegúrate de tratar a las personas con honestidad y respeto.

Cuando descubrimos el propósito de nuestra vida y lo ponemos en práctica, llegamos a tener paz y felicidad verdaderas, y cuando obtenemos la paz y la felicidad en nuestra vida, podemos compartirlas con todos

los demás. Ésta es la forma como podemos hacer un cambio en el mundo.

¡Pero aún no sé cuál es mi misión!

No te preocupes. Si dejas que Dios te acompañe en la búsqueda de tu misión, pronto descubrirás la razón por la cual Él te trajo al mundo. Simplemente recuerda que tu vida tiene sentido y que lo tiene en este *justo momento.* ¡No tienes que esperar a convertirte en adulto! Todos podemos empezar hoy mismo, en el preciso lugar en el que estamos, a transmitir el amor de Jesús a las personas que nos rodean.

Buscando metas

Como eres una persona muy joven, tienes toda una vida por delante. Es bueno tener planes y sueños para el futuro. Es posible que ya estés pensando quién quieres llegar a ser un día y dónde quieres vivir. Pero ¿alguna vez te has preguntado qué deseas hacer *después* de esta vida?

Nuestra meta más importante para el futuro debería ser llegar al cielo. ¿Por qué? Porque nuestro verdadero hogar se encuentra allí. Solamente somos peregrinos o viajeros en este planeta, estamos visitando la tierra por un corto período de tiempo. Pero el cielo es algo que va a durar para siempre. Nuestra experiencia de vida en la tierra, comparada con la vida que tendremos un día en el cielo, es equivalente a la diferencia que hay entre una gota de lluvia y todas las aguas de los océanos juntas, incluyendo las maravillas que éstas contienen. Es difícil imaginar lo maravilloso e inmenso que puede ser ese lugar llamado cielo, pero la forma que tenemos de llegar a él es viviendo la vida que nos fue dada aquí y ahora, con la mayor plenitud y de la mejor manera posible. Esto lo podemos lograr siguiendo a Jesús, nuestro líder.

Las bienaventuranzas

En una ocasión, en la ladera de una verde montaña cerca del mar de Galilea, Jesús se dirigió de manera especial a una multitud de personas. En la conversación, el Señor nombró algunas de las cualidades o *virtudes* que debemos desarrollar para convertirnos en mejores seguidores. Este discurso llegó a ser conocido como el *Sermón de la montaña* y las cualidades que Jesús nombró han sido llamadas las *bienaventuranzas*. Una manera de recordar esta palabra consiste en pensar que estas cualidades traen “buena ventura”, es decir, “buena suerte”, porque son las actitudes que debemos tener para poder seguir a Jesús de una manera más cercana y ser felices[2].

En esta charla, Jesús bendijo a las personas que confían en Dios y no están apegadas a los bienes que poseen. También bendijo a

[2] La autora hace un juego de palabras con la expresión *Beatitudes*, que en inglés significa bienaventuranzas. Ella habla de “*Be*” *attitudes*, es decir, las actitudes que debemos tener para poder seguir mejor a Cristo.

quienes están arrepentidos de sus pecados y a los que son humildes y nobles. Jesús bendijo a las personas que defienden las buenas causas, a quienes tienen un corazón puro y a los que se esfuerzan por lograr la paz. Finalmente, Jesús bendijo a quienes soportan burlas o incluso son castigados por seguir sus palabras y sus enseñanzas. Aquí está lo que Él dijo:

Bienaventurados los pobres de espíritu,
porque de ellos es el Reino de los cielos.

Bienaventurados los mansos,
porque ellos poseerán en herencia la tierra.

Bienaventurados los que lloran,
porque ellos serán consolados.

Bienaventurados los que tienen hambre
y sed de la justicia,
porque ellos serán saciados.

Bienaventurados los misericordiosos,
porque ellos alcanzarán misericordia.

Bienaventurados los limpios de corazón,
porque ellos verán a Dios.

Bienaventurados los que trabajan por la paz,
porque ellos serán llamados hijos de Dios.

Bienaventurados los perseguidos
por causa de la justicia,
porque de ellos es el Reino de los cielos.

Bienaventurados serán cuando los injurien y los persigan y digan con mentira toda clase de mal contra ustedes por mi causa. Alégrense y regocíjense, porque su recompensa será grande en los cielos...

Mateo 5, 3-12

¿Cómo poner en práctica estas virtudes?

Ahora que ya hemos entendido que las bienaventuranzas describen la manera como debemos actuar para seguir más de cerca a Jesús, hablemos de cómo podemos hacer que estas virtudes sean parte de nuestra vida.

- *Ser agradecidos.* Es importante darnos cuenta de que todas las cosas que tenemos no vienen de nosotros, sino que provienen de Dios. Por tanto, debemos darle gracias a Él todos los días, y no olvidarnos de compartir nuestras bendiciones con otros.

- *Ser comprensivos.* Si conocemos a alguien que está triste o se siente herido, podemos compartir su dolor y brindarle consuelo.

- *Ser humildes.* Busca oportunidades para que otras personas estén en primer lugar, o tengan la mayor o la mejor parte de alguna cosa. Así mismo, un buen seguidor de Jesús no es jactancioso, no hace alarde de lo que es ni irrespeta a sus padres o profesores.

- *Ser nobles.* El perdón debe ser entendido de dos formas: debemos perdonar a quienes nos han hecho daño y también debemos pedir perdón a las personas que les hemos causado daño.

- *Ser puros.* Nuestro cuerpo es templo del Espíritu Santo y, por tanto, debemos cuidarlo y tratarlo con respeto. Así mismo, debemos alejarnos de las situaciones que no nos ayuden a crecer en santidad.

- *Ser pacíficos.* Cuando actuamos de manera pacífica, podemos transmitir esta paz a otras personas. Una forma de hacerlo es siendo pacientes y amables, y ayudando a otros a resolver sus diferencias con amor.

- *Sentirnos orgullosos de Jesús.* No debemos sentir miedo de defender nuestra fe y aquellas cosas en las que creemos, incluso cuando otros piensan que esto es algo aburrido o pasado de moda.

Poner en práctica estas virtudes es algo muy difícil y, algunas veces, no podremos hacerlo. Sin embargo, Jesús siempre nos dará fuerzas para que empecemos de nuevo y lo intentemos una y otra vez.

TENTACIÓN
COMICS
DVD
CD
VIDEOJUEGO

No nos dejes caer en la tentación

Jesús enseñó a orar a sus apóstoles con unas palabras muy sencillas pero muy especiales, que en su conjunto son conocidas como *La oración del Señor,* o como es más frecuentemente llamada: el *Padrenuestro.* Es probable que hayas recitado esta oración desde que eras una niña o un niño muy pequeño, entonces recordarás que una de sus frases dice: "No nos dejes caer en la tentación". ¿Qué significa esto? ¿Qué es exactamente una tentación? ¿Por qué para Jesús es algo tan importante, que piensa que debe ser mencionado en esta oración?

Una *tentación* es algo que nos mueve, que nos impulsa hacia alguna cosa que, por lo general, no es buena para nosotros. Todas las personas tienen tentaciones: los padres y los hijos, los Papas y los presidentes, los atletas y las estrellas de cine. Jesús mismo fue tentado muchas veces, tal como nos lo relata la Biblia. Las tentaciones son diferentes para cada persona, y sabemos que estamos siendo tentados porque, muy dentro de nosotros, tenemos una sensación de incomodidad.

¿De qué manera somos tentados?

Podemos ser tentados de muchas maneras. Por ejemplo, podemos sentirnos tentados de tomar algo que no nos pertenece o, también, de decir una mentira, en vez de decir la verdad. Podemos sentirnos tentados de mirar televisión o jugar videojuegos, en vez de

hacer nuestras tareas del colegio. Es posible que nos sintamos tentados de ignorar a nuestros padres, cuando ellos nos llaman, o de hacer a toda prisa una labor que nos ha sido encomendada, para poder continuar de inmediato con nuestro juego. También puede suceder que nos sintamos tentados de incumplir una promesa que hemos hecho.

Nuestra tarea consiste en darnos cuenta en qué momento estamos siendo tentados, y en tratar de no dejarnos llevar por esos sentimientos. Jesús nos puede prestar una gran ayuda en esto, porque Él conoce muy bien la tentación y está dispuesto a auxiliarnos. Todos los días podemos pedirle a Jesús que nos ayude a ser fuertes respecto a las tentaciones, tal como Él lo fue. ¿Y adivina qué sucede? Entre más resistimos a nuestras tentaciones, más fuertes nos volvemos, y cada vez será más fácil resistir la próxima tentación. Así como el ejercicio físico fortalece nuestro cuerpo y es bueno para la salud, así mismo ejercitarnos en resistir las tentaciones hace que desarrollemos fuertes "músculos espirituales".

¿Qué sucede cuando fallamos?

Todos somos humanos y, por tanto, nos equivocamos. Nadie es perfecto. Cuando caemos en tentación, y esto con seguridad sucederá, no es el fin del mundo. Podemos pedirle perdón a Dios y comenzar de nuevo. Podemos levantarnos, tal como lo hizo Jesús las tres veces que cayó al suelo, mientras cargaba su pesada cruz. La

mejor manera de empezar de nuevo es a través del sacramento de la *Reconciliación*, también conocido como *Confesión*. Cuando nos acercamos a este sacramento, no sólo recibimos el perdón de Dios, sino que también recibimos gracias especiales, que nos ayudan a enfrentar con mayor fortaleza las tentaciones, la próxima vez que nos encontremos con ellas. ¡Dios piensa en todo!

Repasemos lo que hemos aprendido acerca de ser mejores seguidores de Jesús:

- Nuestra existencia tiene una razón de ser y Dios puede ayudarnos a descubrir cuál es nuestra misión en el mundo.

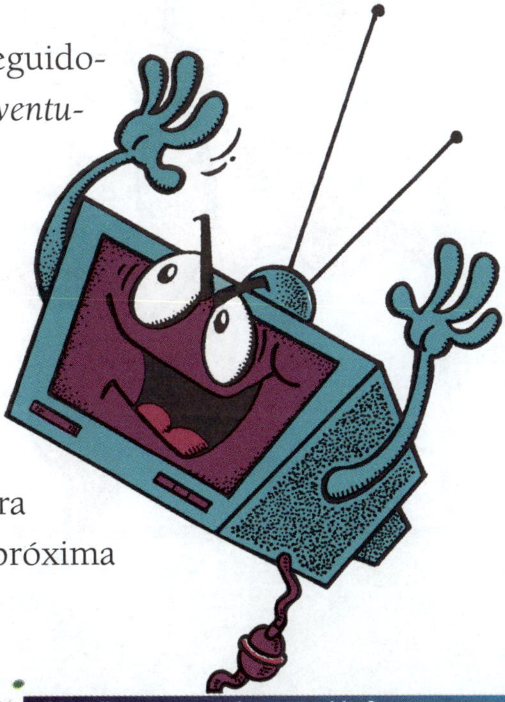

- Jesús nos enseña a ser mejores seguidores suyos, a través de las *bienaventuranzas*.
- Necesitamos practicar estas virtudes en nuestra vida cotidiana.
- Las tentaciones son parte de la vida, pero siguiendo a Jesús recibimos la ayuda necesaria para vencerlas y ser más fuertes, la próxima vez que las enfrentemos.

3

Estar más cerca de Jesús

A medida que nos hacemos mayores, crecemos de muchas maneras: nos volvemos más fuertes, aumentamos de estatura y practicamos los deportes con mayor habilidad. Nuestros cerebros también crecen y aprendemos en el colegio temas cada vez más difíciles. Pero, así mismo, es importante que nos preocupemos por crecer en la fe. Nuestro aprendizaje acerca de Dios no termina el día que recibimos la Primera Comunión, o cuando hacemos la Confirmación. Para que Jesús continúe siendo nuestro líder, debemos seguir aprendiendo y creciendo en la fe, durante toda la vida. Hay muchas cosas que podemos hacer en este momento para contribuir a que aumente nuestra fe, al tiempo que crecen nuestras mentes y nuestros cuerpos.

Sacar provecho de la Eucaristía

Una excelente manera de ayudar a que crezca nuestra fe es sacando el mayor provecho posible de la misa. En la misa o Eucaristía, nos reunimos como una comunidad de creyentes. Primero somos alimentados con la Palabra de Dios y, luego, nos reunimos alrededor de la mesa del Señor para ser alimentados con el pan de vida eterna: el cuerpo y la sangre del Señor en la Eucaristía, que es otra manera de nombrar la Sagrada Comunión.

La misa, que es la forma más perfecta de alabar a Dios, se ha celebrado de la misma manera durante miles de años. La misa es algo tan importante que se celebra todos los días, aunque la mayoría de personas sólo asisten a ella los domingos. En todo el mundo, las personas celebran la misma misa que nosotros celebramos, sólo que lo hacen en diferentes idiomas. Esto significa que, en todo momento del día o de la noche, la misa está siendo celebrada en algún lugar del mundo, y continuará celebrándose hasta el final de los tiempos.

Las lecturas y canciones que escuchamos cada domingo tienen un importante mensaje para nosotros. Si prestamos atención, podemos escuchar a Dios a través de ellas, quizás Él nos esté dando un consejo que necesitamos escuchar, o nos esté dando ánimo a través de su Palabra. También es posible que Dios esté contestando las preguntas que le has hecho en oración, o te esté dando indicaciones acerca de la misión especial que tiene para ti. Cuando escuchamos con atención, les damos la oportunidad a otras personas de que lo hagan también.

La parte más importante de la misa es la Sagrada Comunión. Cuando el sacerdote pronuncia las palabras de la consagración, debemos mostrar mucho respeto por Dios, arrodillándonos en silencio y pidiéndole que nos prepare para recibirlo de esta manera especial.

Asistir a la misa es muy importante, pero participar en ella lo es aún mucho más. La forma de hacerlo es orando, cantando con los demás y mostrando un buen comportamiento.

Sin embargo, hay otras maneras de participar en la misa: los niños y niñas pueden colaborar como acólitos, pueden llevar las ofrendas del pan y del vino con sus familias, o también pueden cantar en un coro infantil. Todo esto contribuye a que nuestra parroquia celebre la misa de una forma más completa y que ¡nosotros lo hagamos también!

Interésate en las clases de educación religiosa

Si asistes a un colegio católico, sin duda tendrás durante el día una clase llamada *religión*, en la cual aprendes acerca de Jesús y de sus enseñanzas. Si, por el contrario, asistes a una escuela pública o no confesional es posible que tomes clases de catequesis en tu parroquia, al finalizar la jornada escolar o en la noche. En estas clases también aprendes asuntos relacionados con la fe y con las enseñanzas de Jesús, los cuales te preparan para recibir los sacramentos de la Reconciliación, la Sagrada Comunión y la Confirmación. Tus padres también pueden darte buenas lecciones de religión en casa.

No importa de qué manera o en qué lugar recibas tu educación religiosa, siempre debes darles a estas clases la misma importancia que le das a todas las demás; incluso, deberías tomarlas con mayor seriedad. Por eso te aconsejamos que escuches con atención, que hagas preguntas y que compartas tus pensamientos e ideas. ¡Ésta es una materia que necesitarás toda la vida!

La Biblia: el libro con las mejores historias

Ojalá seas uno de esos niños o niñas que les gusta leer; quizá te gustan las aventuras, el misterio o las leyendas de héroes. ¿Sabías que la Biblia está llena de historias magníficas? Así es, la Biblia nos relata historias de gigantes, de inundaciones, batallas y milagros. Una buena Biblia infantil te narrará estos acontecimientos de manera que puedas entenderlos y disfrutarlos. Cuando leemos historias de la Biblia, conocemos las muchas maneras como Dios ha amado y protegido a su pueblo. Estas narraciones también contienen verdades importantes y lecciones para nuestras vidas.

¡Los santos están vivos!

¿Has tenido la experiencia de perder a alguien que era especial para ti? Cuando alguien muere puede ser muy doloroso, y es posible que extrañes mucho a esa persona. Pero, ¿sabías que puedes continuar hablando con él o con ella, a través de tus oraciones? En oración, puedes pedirle a esa persona que te cuide o que te ayude cuando lo necesites.

El cielo está lleno de personas maravillosas, que son amigas nuestras y nos brindan su ayuda. Cuando la vida de alguien ha sido un excelente ejemplo de seguimiento a Jesús, la Iglesia le da el título de *santo* o *santa*. Muchos santos tienen días especiales llamados *días de fiesta*, en los cuales la Iglesia los recuerda y celebra sus vidas. Sin embargo, la santidad no es algo para unos pocos: *todos nosotros* estamos llamados a ser santos.

Los santos han sido hombres, mujeres o niños, que han servido a Dios como sacerdotes, religiosas, Papas, obreros o amas de casa.

Ellos pueden haber sido ricos o pobres, haber gozado de salud o haber sido muy enfermos. Algunos vivieron hace mucho tiempo y otros no hace tanto. Los santos provienen de muy distintos países alrededor del mundo, pero todos tienen una cosa en común: ellos tuvieron un gran amor por Dios y pueden enseñarnos lecciones importantes acerca de cómo vivir nuestras vidas.

Los santos están dispuestos a auxiliarnos cuando lo necesitamos, porque están muy cerca de Dios. Ellos pueden presentar nuestras oraciones a Dios y ayudarnos con los problemas que debemos enfrentar. Muchos de ellos tuvieron que pasar por la mismas dificultades que nosotros, y esto hace que deseen prestarnos su ayuda de manera especial. Leer acerca de la vida de los santos es una excelente forma de conocerlos; existen libros muy buenos para niños, en los que se cuenta la vida de cada uno de ellos. Algunas personas se dirigen a muchos santos en sus oraciones, mientras que otras sólo se dirigen en oración a uno o dos santos de su preferencia.

¿A ti te dieron el nombre de un santo o de una santa? Es posible que desees saber más acerca de esa persona. Si no fuiste bautizado con el nombre de un santo, aún tienes la oportunidad de recibir el nombre de uno de ellos en el sacramento de la Confirmación. En ese momento, puedes escoger un nombre de Confirmación. El nombre de la Confirmación debe ser el nombre de un santo o santa que sea importante para ti, es decir, de un amigo o amiga especial a quien quisieras parecerte. Comienza a leer la vida de estas personas maravillosas ahora, para que así puedas elegir el santo o santa que sea más afín a ti.

Jesús es mi mejor amigo

En este momento, ya hemos recorrido un buen trayecto de nuestro viaje: hemos hablado acerca de cómo hacer que Jesús sea nuestro líder y hemos aprendido algunas maneras de convertirnos en sus mejores seguidores. A lo largo de este recorrido, hemos descubierto que entre más conozcamos a Jesús, Él se hará más amigo de nosotros. Ahora avancemos un paso más: ¡permitamos que Jesús sea nuestro *mejor amigo*!

Un buen amigo es alguien que nos entiende y con quien podemos hablar; un buen amigo es una persona con quien disfrutamos compartir el tiempo y con quien deseamos hablar a menudo. Un buen amigo nos acepta tal como somos y nos perdona cuando nos hemos equivocado. ¿Tienes un amigo o amiga, en el vecindario o en tu colegio, que sea para ti más especial que los demás? Pues quiero decirte que Jesús es un amigo ¡mucho mejor que aquel a quien consideras especial!

Como es nuestro mejor amigo, a Jesús le podemos confiar las cosas grandes y las cosas pequeñas de nuestra vida. Él está interesado en cada uno de nosotros y desea que nos acerquemos a Él, cada vez que tenemos que tomar alguna decisión. Cuando debemos enfrentar una elección difícil y la compartimos con Jesús, podemos estar seguros de que Él sabe qué es lo mejor para nosotros. Esto es así, porque Jesús ¡lo sabe todo!

Un amigo en las buenas y en las malas

Al igual que un buen amigo, Jesús comparte nuestras alegrías y nuestras tristezas. Algunas veces las cosas no resultan como queremos. La vida puede ser maravillosa, pero también puede ser muy difícil, y Jesús lo sabe porque Él sufrió muchas penalidades en la tierra, desde el momento de su nacimiento hasta el día de su muerte. Jesús se sintió triste cuando murieron tres personas a las que amaba mucho: José, su padre terrenal; su primo Juan el Bautista y su amigo Lázaro. Jesús fue objeto de burlas y rechazo por parte de muchas personas; fue arrestado y algunos le escupieron el rostro; fue puesto en prisión, torturado y, finalmente, crucificado. Por tanto, Él realmente comprende nuestro sufrimiento, en especial cuando éste es injusto.

Cuando llevamos nuestros sufrimientos a Jesús, Él nos da la fortaleza para soportarlos; de igual manera, podemos ofrecer nuestro dolor a Dios, entregándoselo y uniéndolo al padecimiento de su Hijo. Este acto hace que el mundo reciba innumerables gracias y, también, trae alivio a otras personas que están sufriendo. Tener presente el sufrimiento de otras personas nos ayuda a no sentirnos tan tristes por nuestras propias aflicciones, y lo mejor de todo: el dolor y el sufrimiento pueden transformarse en una bendición. El dolor puede ayudarnos a alcanzar una fe más fuerte porque, por lo general, hace que confiemos más en Dios que en nosotros mismos.

A medida que Jesús se convierte en nuestro mejor amigo y en una parte importante de nuestra vida, nuestro amor por Él aumenta. Pero existe una forma en la que podemos estar incluso más unidos a Jesús. ¿Sabes cuál es? Pues se trata de los sacramentos, en los cuales Él se hace presente de una manera muy especial. El mayor sacramento de unión con Jesús es la Sagrada Comunión, la cual analizaremos en el próximo capítulo. Pero antes de esto, repasemos todo lo que hemos dicho hasta el momento respecto a la mejor forma de acercarnos a Jesús:

- Nuestra fe es algo que debe crecer al igual que crece nuestro cuerpo.

- Podemos hacer que nuestra fe crezca, sacando más provecho de la santa misa, poniendo atención a nuestras clases de religión, leyendo la Biblia y aprendiendo acerca de la vida de los santos.

- Jesús desea ser más que un amigo para nosotros, Él desea ser nuestro mejor amigo.

Mi primera comunión
FELICITACI
¡La fiesta!
Un momento especial
Amigos celestiales

4

Jesús nos conduce a la Sagrada Comunión

Es probable que ya hayas hecho tu Primera Co-munión, un paso muy importante en tu camino de fe. ¿Recuerdas lo emocionado(a) que estabas de recibir a Jesús por primera vez? Con seguridad, ese día usaste un traje o un vestido especial y tuviste después una fiesta para celebrar. Tu Primera Comunión fue un día muy importante, porque recibiste a Jesús de una manera nueva y especial.

¿Recuerdas la segunda vez que recibiste a Jesús? Quizá llevabas también una ropa especial y aún sentías que estabas viviendo una experiencia

nueva y emocionante. Ahora bien, ¿qué significado tiene la Sagrada Comunión para ti en estos momentos? ¿Aún sientes la misma emoción que sentiste las primeras veces? Después de recibir la comunión por un tiempo, puede suceder que nos olvidemos de lo que está sucediendo en ese momento. Puede llegar a convertirse en una rutina e incluso en algo aburrido. Sin embargo, cuando olvidamos la importancia que tiene la Eucaristía, ésta se convierte en un signo vacío y deja de ser verdadero alimento para nosotros. Así mismo, perdemos las gracias que este gran sacramento nos ofrece. Es algo así como si nos regalaran una bolsa llena de monedas de oro y la pusiéramos en uno de nuestros bolsillos, olvidándonos de ellas por completo.

El sacramento más importante

La Sagrada Comunión es el sacramento más importante de todos, porque en ella Jesús se hace *verdaderamente presente* para nosotros, de una manera especial. Algunos grupos cristianos celebran una comida comunitaria con pan y vino, como un símbolo de pertenencia o como una forma de recordar la Última Cena. Pero los cristianos católicos creemos que esta comida comunitaria es mucho más que un simple signo o un acto conmemorativo. De acuerdo con la Sagrada Escritura, Jesús dijo: "Éste es mi cuerpo... ésta es mi sangre", y nosotros interpretamos sus palabras al pie de la letra. Jesús también dijo:

> En verdad, en verdad les digo: Si no comen la carne del Hijo del hombre, y no beben su sangre, no tienen vida en ustedes. El que come mi carne y bebe mi sangre tiene vida eterna, y yo lo resucitaré el último día. Porque mi carne es verdadera comida y mi sangre verdadera bebida. El que come mi carne y bebe mi sangre permanece en mí, y yo en él.
>
> *Juan* 6, 53-56

Los católicos creemos que en el momento de la *consagración*, el pan y el vino dejan de ser lo que son (aunque conserven la misma forma y el mismo sabor) y se convierten en el mismo Jesús, en su cuerpo, su sangre, su alma y su divinidad. Se trata de un milagro especial que sucede todos los días en los altares católicos del mundo entero, desde el instante en que Jesús nos entregó este sacramento en la Última Cena.

Nadie, ni siquiera los adultos que han estudiado mucho o el mismo sacerdote, puede comprender por completo cómo sucede esta unión tan especial con Jesús. Se trata, entonces, de un profundo misterio.

Sin embargo, no debemos preocuparnos por saber cómo el pan y el vino se convierten en el cuerpo y la sangre de Jesús. Jesús no nos exige que descifremos sus sagrados misterios, Él solamente nos pide que llevemos una vida santa y llena de fe. Jesús desea que aceptemos y disfrutemos ¡las maravillas de nuestro Dios! Cuando lleguemos un día al cielo, podremos entender estos misterios y conocer todos los caminos de Dios.

¿De qué manera nos ayuda la Sagrada Comunión?

Jesús nos regaló el sacramento de la Sagrada Comunión para que Él pudiera estar con nosotros, de esta manera tan especial y cercana, durante toda nuestra vida. La Eucaristía tiene gracias especiales, algo así como "poderes especiales", que nos fortalecen y contribuyen a que nuestra fe y nuestro amor por Jesús aumenten cada vez más.

Recibir a Jesús en la Eucaristía nos ayuda a ser mejores seguidores, también nos fortalece para rechazar esas tentaciones de las que ya hemos hablado. La Eucaristía nos ayuda a mantenernos en el camino correcto, nos refresca, nos sana y nos conforta. En una palabra, este sacramento es como una ¡vitamina superpoderosa para nuestra alma!

Debemos prepararnos para el encuentro con Jesús en la Eucaristía

Si sabemos que vamos a tomar parte en ese milagro especial llamado Sagrada Comunión, debemos prepararnos de la mejor manera posible. Empecemos por mencionar algunas cosas en las que debemos pensar *antes* de recibir este sacramento.

Todos nosotros pecamos, adultos, ancianos y jóvenes, no importa qué tanto nos esforcemos en no hacerlo, porque es parte de la naturaleza humana. Realmente nadie es merecedor del gran don de la Sagrada Eucaristía, debido a las decisiones equivocadas que tomamos una y otra vez. Sin embargo, Jesús viene a nosotros en este sacramento, y nos invita a estar con Él. Jesús se siente feliz cuando nos acercamos a su mesa. Él nos promete llenar cualquier vacío que tengamos, porque con Dios todas las cosas son posibles.

Hacer un examen de conciencia

Antes de recibir la Sagrada Comunión, debemos prepararnos haciendo un profundo *examen de conciencia.* ¿Te acuerdas de haber aprendido esto, cuando te preparaste para la Primera Comunión? Durante un examen de conciencia, repasamos los pensamientos, palabras y acciones que hemos realizado, con el fin de darnos cuenta qué cosas hemos hecho mal y cuáles hemos hecho correctamente. De esta manera, podremos corregir nuestras malas acciones y dar gracias a Dios por aquellas cosas que hicimos bien. Ésta es una buena práctica, tanto para niños como para adultos. Lo único que tenemos que hacer es dedicar unos pocos minutos antes de recibir la comunión, para pedirle a Jesús que nos ayude a preparar nuestro corazón para el encuentro con Él. Después, debemos pensar acerca de las vivencias que tuvimos la semana pasada y hacernos preguntas como éstas:

- ¿He sido egoísta o ambicioso(a)?
- ¿He hablado mal de otras personas?
- ¿Se me ha olvidado hacer mis oraciones?
- ¿He tenido rabietas?
- ¿He dicho mentiras?
- ¿Me he apropiado de algo que no me pertenecía?

- ¿He prestado mucha atención a la televisión, mientras que en la iglesia he estado distraído(a) e inquieto(a)?

Preguntas como éstas nos ayudan a ser más conscientes de aspectos de nosotros mismos que necesitan ser cambiados, para poder llegar a ser mejores seguidores de Jesús. Pero recuerda que Jesús siempre estará allí para ayudarnos, lo único que tenemos que hacer es pedir su auxilio. Algunas veces, si hemos dicho o hecho algo que nos pesa de manera especial, o si hace un buen tiempo que no recibimos el sacramento de la Reconciliación, podemos pedirle a Dios que la comunión que recibimos nos dé la gracia de acercarnos a la confesión lo más pronto posible.

Al recibir la Sagrada Comunión

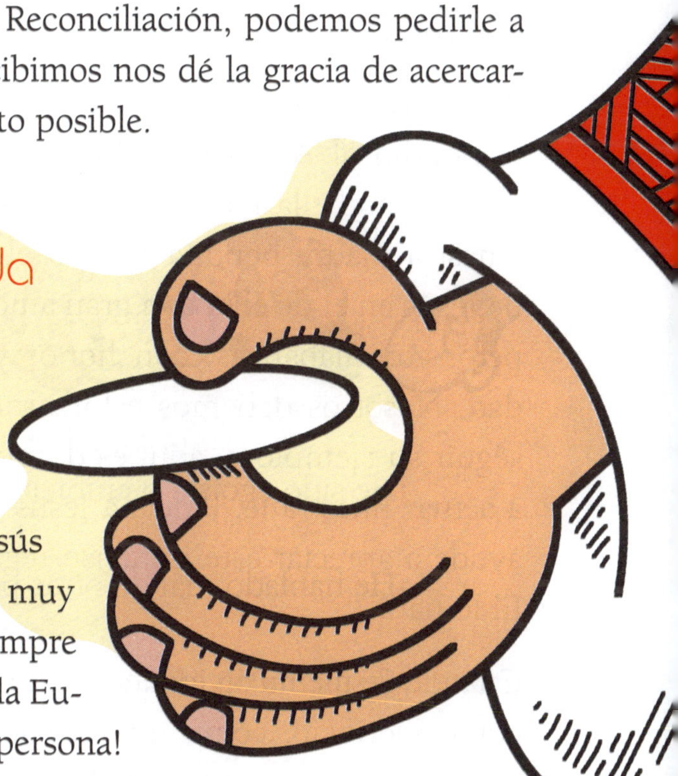

Una vez que hemos examinado nuestra conciencia, estamos listos para acercarnos a Jesús en este sacramento especial. Es muy importante que recordemos siempre a quién estamos recibiendo en la Eucaristía: ¡se trata de Jesús en persona! Por eso, debemos recibir la Eucaristía con profundo respeto, con reverencia a Dios y con humildad.

Haz la siguiente reflexión: antes de que Dios se hiciera hombre en la persona de Jesucristo, la Palabra de Dios había sido escrita en unas tablas de piedra y entregada a las personas. Estas tablas se guardaban cuidadosamente dentro de una urna de oro que se llamaba el *arca de la alianza.* Este tesoro era tan sagrado y especial para las personas, incluso para los reyes y profetas, que era tratado con gran respeto y honor. Ahora que tenemos a Jesús, que es la Palabra de Dios *hecha carne*, ¿no deberíamos honrar mucho más este precioso tesoro?

Recuerda también la manera como la Virgen María respondió al Arcángel Gabriel, cuando éste le comunicó que ella iba a ser la madre de Dios. Nuestra madre bendita recibió el cuerpo de Jesús en el de ella, con gran amor y respeto, con alabanzas, con honor y felicidad. Nosotros debemos esforzarnos por seguir su ejemplo, y aquí es donde entra a actuar nuestra fe. Pídele a Jesús que te ayude a apreciar este inmenso regalo, y Él lo hará.

Cuando Jesús murió en la cruz, Él se entregó a sí mismo como sacrificio, como una ofrenda por nuestros pecados. Jesús murió para que nosotros podamos vivir con Él algún día en el cielo, y al recibir la Sagrada Comunión, nosotros podemos imitar su ejemplo. Esto no quiere decir que vayamos a morir en una cruz, pero podemos ofrecernos a Dios como un *sacrificio vivo*. Podemos

ofrecerle a Dios las cosas malas y tristes que nos suceden, así como todo lo bueno que nos pasa. De igual manera, podemos ofrecerle a Dios nuestras propias vidas, para que Él disponga de ellas como desee. Podemos pedirle al Señor que sea nuestro líder y que, al permitirnos colaborar con su propósito aquí en la tierra, nos ayude a convertirnos en mejores seguidores.

Recibir la Sagrada Comunión es un buen momento para recordar las necesidades que tienen nuestros familiares y amigos, aquellos que están vivos y aquellos que están muertos. Podemos ofrecer estas necesidades a Jesús en la Eucaristía y, debido a que son muchas las bendiciones que se reciben a través de la Sagrada Comunión, es bueno que nos acerquemos a este sacramento con frecuencia, todos los días si es posible (¡ésta es una de las bendiciones especiales que tiene nuestra fe católica!). Pero lo que con seguridad sí podemos hacer es comulgar todos los domingos.

Después de recibir la Sagrada Comunión

Después de recibir la Sagrada Comunión, debemos permanecer en silencio y en actitud de oración, gozando de la presencia de Jesús en nosotros. Es una gran bendición el hecho de que Dios haya elegido estar tan cerca de su pueblo, como lo está en la Eucaristía. Con las gracias que recibimos en este maravilloso sacramento, podemos transformar nuestras vidas y crecer en santidad. Podemos

llegar a ser santos y oponer resistencia a las personas "malas"; en fin, *podemos hacer grandes cambios en el mundo.* La mejor oración que podemos hacer después de recibir la Sagrada Comunión no está hecha de palabras sino de acciones, y consiste en lo siguiente: vivir con amor y hacer la voluntad de Dios, tal como lo hizo Jesús. Es por esto que el sacerdote finaliza la misa diciendo: "Podemos ir en paz, para amar y servir al Señor".

Para concluir, repasemos lo que hemos aprendido acerca de la Sagrada Comunión, que es la mejor manera de seguir a Jesús:

- En la Sagrada Comunión, en la hostia, Jesús está verdaderamente presente.

- La Eucaristía nos fortalece para que seamos mejores seguidores de Jesús y, así mismo, nos regala muchas bendiciones.

- Debemos prepararnos cuidadosamente para recibir la Sagrada Comunión.

- Amar a Dios y servir a los demás es la mejor oración que podemos hacer, después de recibir la Sagrada Comunión.

EL JUEGO DE LA VIDA
Sigue el Camino correcto
Convierte a Jesús en tu líder
Escucha a Jesús y habla con Él
Ama a los demás
Deja que Jesús sea tu mejor amigo
Descubre tu misión
Evita las tentaciones
Aumenta tu fe
Toma una ficha de fe
Las bienaventuranzas te guían
Fichas de fe
Recibe la Sagrada Comunión: es alimento para el viaje
¡Alcanzarás la vida eterna!
¡GANASTE EL CIELO!

Conclusión

Unas palabras finales acerca de seguir a Jesús

¿Te acuerdas del amigo que mencionamos al principio de este libro, Tomás de Kempis, quien escribió *La imitación de Cristo*? Tomás tuvo la inspiración de escribir este libro porque su corazón estaba lleno de amor a Jesús y a sus enseñanzas. Él quería seguir a Jesús de la mejor manera posible, y deseaba que su comunidad hiciera lo mismo; por esta razón, hizo uso de la sabiduría que Jesús nos dejó en la Biblia, y les enseñó

a sus hermanos formas prácticas de lograr que estas lecciones se convirtieran en una foma de vida para ellos.

Cuando Tomás estaba escribiendo su pequeño libro, no sabía que se convetiría en el texto cristiano más conocido después de la Biblia. *La imitación de Cristo* ha sido traducida a más de noventa idiomas, mucho más que cualquier otro libro, a excepción de la Biblia. De esta manera, las personas de todas partes del mundo tienen la oportunidad de conocer sus valiosas lecciones. En la actualidad, millones de cristianos, y no solamente católicos, han vuelto a descubrir su amor por Jesús al leer este famoso libro. Ellos han encontrado en estas páginas una importante ayuda para lograr hacer aquellos cambios que necesitan en sus vidas y, así, poder imitar a Jesús de una forma más perfecta.

Tomás de Kempis simplemente estaba siguiendo a Jesús. Cuando seguimos a Jesús, de la manera como lo hemos aprendido, po-

demos llevar una vida más felíz y más pacífica. Pero aún hay más: Dios tiene guardadas muchas más sorpresas maravillosas no sólo para nosotros, sus seguidores, sino también para quienes nos rodean. ¡Ésta es sólo una razón más para seguir a Jesús!

¡Sé felíz y mantente alegre! Jesús es nuestro líder y estamos invitados a seguirlo en esta vida... y después de ella.

> Yo soy la luz del mundo; el que me siga no caminará en la oscuridad, sino que tendrá la luz de la vida.
>
> *Juan* 8, 12

Guía de Estudio

La imitación de Cristo para niños

Guía de estudio
para padres y maestros

Las clásicas enseñanzas morales de uno de los más grandes textos espirituales que se han escrito, *La imitación de Cristo,* han sido presentadas aquí por primera vez, de una manera interesante y fácil de entender para los jóvenes lectores católicos. Al igual que el libro original, *La imitación de Cristo para niños,* está dividida en cuatro secciones o capítulos, que conducen a los lectores, paso a paso, a través de un viaje que los llevará a tener una mayor intimidad con Jesucristo, y que culmina en el sacramento de la Eucaristía.

A continuación aparecen los temas principales de cada capítulo, así como algunas actividades y preguntas sugeridas, para trabajar con los niños y niñas a quienes se les ofrezca este material. Estas preguntas y actividades han sido diseñadas para un amplio rango de habilidades y aptitudes, y pueden ser puestas en práctica en el hogar y en la escuela; en la clase de educación religiosa y en los cursos de catequesis.

Capítulo UNO

Este primer capítulo invita al lector o lectora, a convertir a Jesús en el líder de su vida.

- Pídale al niño o niña que haga un sencillo letrero o un pequeño afiche, a partir de una representación o imagen de Jesús que él o ella haya elegido.

- Comente con el niño o la niña, las diferentes maneras que existen de hablar con Jesús y de escuchar lo que Él puede estar respondiéndonos.

- Anime al niño o niña a establecer un diálogo con Jesús, a través de diferentes formas de oración. Concédale tiempo y cree un espacio de tranquilidad para que él o ella pueda hacer este ejercicio.

- Anime al niño o niña para que comience a desarrollar habilidades que le permitan escuchar lo que Jesús puede estar diciéndole. Concédale tiempo y cree un espacio de tranquilidad para que él o ella pueda hacer este ejercicio.

En este momento del viaje, el lector o lectora se hace consciente de que todo lo que posee es un don y una bendición de Dios, y de que las bendiciones deben ser compartidas con otros. Así mismo, se le recuerda al niño o niña que Jesús tuvo una vida centrada en los demás, cuando estuvo en la tierra (Él sanó, enseñó y perdonó), y se le pide que busque oportunidades en su vida, que le permitan practicar aquella mentalidad de *dar vida* a los demás. Jesús nos pide que nos amemos unos a otros, pero ¿cómo podemos hacerlo?

- Conduzca al niño o niña a reflexionar acerca de quién necesita su amor esta semana, y cómo podría él o ella mostrar su amor a esa persona.

- Haga que el niño o la niña comparta las experiencias que ha tenido de *ser Cristo* para otros y que, así mismo, exprese cómo se sintió al compartir esta experiencia.

- Elabore un afiche con estas palabras: *Jesús, los otros* y *yo.* Consiga imágenes artísticas o fotografías que representen estas tres categorías. Este afiche les ayudará a recordar, de una manera visual, que al darle a las cosas la prioridad apropiada, podemos ser felices.

Capítulo dos

Este segundo capítulo le ofrece al niño o niña, una oportunidad de reflexión personal acerca de cómo se vive siendo un seguidor o seguidora de Jesús. Aquí se le pide al niño que examine algunas cuestiones importantes, en las que probablemente no ha pensado antes. Este capítulo también presenta las *bienaventuranzas*, como el camino que nos permite seguir a Cristo de una manera más cercana.

- Haga que el niño o la niña reflexione acerca de las siguientes preguntas: ¿Por qué estoy aquí? ¿Cuál es el propósito de mi vida? ¿Qué deseo hacer cuando termine esta vida? Concédale tiempo y cree un espacio de tranquilidad para que él o ella pueda hacer este ejercicio.

- Pregunte si alguno de los niños o niñas desea compartir lo que piensa sobre estas preguntas o sobre sus respuestas.

- Repase las *bienaventuranzas* con el niño o la niña y conversen acerca de lo que ellas significan.

- Ayude al niño o niña a pensar en algunas personas que hayan encarnado (en el pasado) o encarnen (en la actualidad), el espíritu de una bienaventuranza determinada.

- Pídale al niño o niña que piense en algunos ejemplos específicos de su propia experiencia. Esto tiene como objetivo asegurarnos de que el concepto ha sido completamente entendido.

A continuación, es tratado el tema de las tentaciones. Es importante resaltar que, aunque todas las personas caemos en la tentación de vez en cuando, Jesús nos ama a todos y está dispuesto a perdonarnos siempre.

- Pídale al niño o niña que comente (o que represente de manera visual), algunas de las tentaciones que a menudo tiene que enfrentar.

Capítulo tres

Este capítulo ofrece a los jóvenes lectores, maneras prácticas de madurar su fe. Algunas de ellas son: entender en qué consiste la Eucaristía y participar, de una manera más comprometida, en la misa y en las clases de Educación Religiosa; leer la Sagrada Escritura y aprender acerca de la vida de los santos.

- Asista con el niño o niña a una misa "didáctica", en la que se les explique a los asistentes cada una de las partes de la liturgia. Si no tiene a su disposición una misa de este tipo, solicítela en su parroquia o en la capellanía de un colegio católico.

- Haga que el niño lea una historia de la Biblia y la comente en clase o con la familia.

- Ayude al niño o niña a escoger un santo, cuya vida pueda estudiar y compartir con otros, y a quien pueda empezar a conocer por medio de una relación basada en la oración. Una buena manera de empezar este ejercicio es escoger el santo o santa que esté asociado con el nombre de pila del niño o la niña.

A medida que crece la relación del niño o la niña con Jesús, el Señor llega a ocupar, de forma natural, un mayor espacio en su vida. A los jóvenes lectores se les presenta la idea no sólo de que Jesús es un amigo, sino de que es el mejor amigo que pueden tener; alguien que siempre está allí cuando lo necesiten y con quien pueden compartir cualquier cosa.

- Permita que los niños participen en una discusión acerca de lo que significa ser el mejor amigo de alguien. Pregúntele al niño o niña, quiénes son sus mejores amigos y por qué.

- Haga comentarios acerca de lo que Jesús puede hacer, como el mejor amigo del niño o la niña. Poco a poco, vaya disuadiendo a los niños de responder cosas como: "El me daría un millón de dólares", a través de sugerencias como ésta: "Nombra cinco cosas que sean más importantes que un millón de dólares". Si el niño o la niña dan respuestas complicadas tales como: "El haría que mi mamá fuera mejor" o "El haría que mi abuelo viviera de nuevo", apártelo(a) de estas respuestas con suavidad, haciéndole preguntas como éstas: "Tu mejor amigo(a) resuelve todos tus problemas? O más bien, ¿él o ella *permanecen* a tu lado cuando estás enfrentando graves problemas, y te ayuda a ser más fuerte?"; "de qué manera ha estado Jesús contigo en los momentos difíciles? ¿De qué manera te ha hecho Jesús más fuerte?". Con un poco de oración y reflexión, usted encontrará las palabras adecuadas para la situación que esté viviendo cada niño o niña.

Estos conceptos fomentan un sentimiento genuino de amor hacia Jesús, el cual prepara al niño para recibir al Señor de la forma más íntima posible, es decir, en la Eucaristía, la cual es el tema del cuarto y último capítulo.

Capítulo cuatro

Este libro concluye con un capítulo dedicado a la Sagrada Comunión. En esta sección, nos centramos en el aspecto sagrado de este sacramento (la presencia real de Jesús) y en el propósito que éste tiene de fortalecer nuestra fe, con el fin de que haya un mejor entendimiento de este encuentro especial con Cristo. Así mismo, hacemos énfasis en la preparación que se debe tener para recibir este sacramento, e incluimos algunas preguntas específicas para ayudar al niño o niña a realizar un buen examen de conciencia. Además, estas preguntas ofrecen una excelente oportunidad para propiciar futuras conversaciones acerca de estos temas. El capítulo concluye con una explicación acerca de lo que están invitados a hacer aquellos que reciben la Sagrada Comunión, esto es: amar a Dios y servir a las demás personas.

- Pídale al niño, o niña, que piense en una forma concreta de amar a Dios y servir a los demás durante esta semana. Esto puede hacerse a manera de discusión o a través de una expresión artística.

- Pregúntele al niño o niña, cómo podría su familia o sus compañeros(as) de clase, como grupo, amar a Dios y servir a los demás.

Índice

Introducción

Conclusión

La imitación de Cristo para niños

TALLER SAN PABLO
BOGOTÁ
IMPRESO EN COLOMBIA - PRINTED IN COLOMBIA